Dreihundertfünfundsechzig Liebeserklärungen

Dreihundertfünfundsechzig

Liebeserklärungen

an vielen Sonntagen
und in verschiedenen Stimmungen
mit Liebe gesammelt von
Angela Hopf

Meyster

Die »ex libris« stammen aus den Sammlungen Paul Eichinger und A. & A. Hopf. Abdruck aus den Brecht-Gedichten »Morgens und abends zu lesen«, »Schreib mir« und »Liebeslieder« mit freundlicher Genehmigung des Suhrkamp Verlags Frankfurt/Main. Aus: Bertolt Brecht: Gesammelte Werke in acht Bänden, 1967

3. Auflage 1982

Konzeption: Offizin Hopf & Partner
Typographie: Rudolf P. Gorbach
Satz: LibriSatz, Kriftel/Ffm.
Repro: Photolitho Schuster, München
Druck und Bindung: R. Kiesel, Salzburg
ISBN 3-7057-8401-3
Printed in Austria

*»Wem sonst als Dir«**

»Wenn ich mit Menschen- und mit Engelzungen redete, und hätte der Liebe nicht, so wäre ich ein tönend Erz oder eine klingende Schelle. Und wenn ich weissagen könnte, und wüßte alle Geheimnisse und alle Erkenntnis, und hätte allen Glauben, also daß ich Berge versetzte, und hätte der Liebe nicht, so wäre ich nichts.«
Dies schrieb der Apostel Paulus an die Korinther.
Zu wenig aber reden wir Menschen heute mit Engelszungen: von dem Gefühl, das wir für einen anderen empfinden.
Deshalb habe ich »365 Liebeserklärungen« zusammengetragen, solche, die ich selber gern aussprechen – oder hören würde: Alle diese frechen und leisen, lauten und innigen, garstigen und sehnsüchtigen, poetischen und prosaischen Mitteilungen der Liebe.
Diese Sammlung hätte leicht tausend Seiten haben

* Diese Widmung für Diotima schrieb Friedrich Hölderlin in den zweiten Band des »Hyperion«.

können. So mußte meine Auswahl subjektiv sein. Dennoch: für jeden Tag einen Ausdruck der »Wohlaffectionirtheit«, oder für einen Tag viele, wer freute sich nicht darüber?
Dieses Büchlein soll dreihundertfünfundsechzigmal im Jahr, und einmal mehr im Schaltjahr, sagen: Es ist gut, daß es dich gibt.

Angela Hopf

Jeder von uns beiden wird erst vollkommen durch den andern. Ohne Dich bin ich nichts.

CHARLES DE COSTER AN »ELIZA«

Dein hertze kan allein zu aller zeit bestehen
Dieweil es die natur aus diamant gemacht.

CHRISTIAN HOFMANN VON HOFMANNSWALDAU

Ich bin bei dir, du seist auch noch so ferne,
Du bist mir nah!
Die Sonne sinkt, bald leuchten mir die Sterne.
Oh, wärst du da!

JOHANN WOLFGANG VON GOETHE

Ich suchte Dich und habe mich gefunden.

FRANZ GRILLPARZER

. . . Dann seufzt Ihr wohl:
»Wie, werter Freund, schon müde?
Nur einmal noch!«

FRANÇOIS RABELAIS

Laßen Sie mir die Wollust daß ich ihnen lieb habe.

Die Karschin an Gleim

Daß du mich liebst, macht mich mir wert.

Friedrich Rückert

Gib mir nur die Hand,
Nur den Finger, dann
Seh' ich diesen ganzen Erdkreis
Als mein Eigen an!

Richard Dehmel

Und war es dir nicht heiß genug,
Das Herz, das ich im Busen trug,
So nimm es denn zu dieser Frist,
Wenn dir's gebacken lieber ist.

Wilhelm Busch

Was könnten wir einander nicht verzeihn?

Walter Carlé

Nimm mich hin, teures Mädchen, mit allen meinen Fehlern. Es wird mir wohl, zu denken, daß ich mich einer Person gebe, der ich mich auch mit diesen Fehlern geben kann.

Johann Gottlieb Fichte an Johanna Rahn

Sterne beschaust du, mein Stern. O wär ich der
nächtliche Himmel,
hätte der Augen so viel, dich zu beschauen wie er!

Plato

Ach, in den Armen hab ich sie alle verloren,
du nur, du wirst immer wieder geboren:
weil ich niemals dich anhielt, halt ich dich fest.

Rainer Maria Rilke

Längst liebt' ich dich, eh ich dich sah.

Alexander Puschkin

– daß ich in einer armen, niedrigen Hütte schwarzes Brod mit Dir esse und gesundes Wasser mit Dir trinken will, und eben so glücklich und vielleicht glücklicher sein werde als im Glanz der Welt.

Karoline an Johann Gottfried Herder

lehne dich an mich und
ich
habe Halt

Hans Peter Keller

Und wär ein König ich und wär die Erde mein,
du wärst in meiner Krone doch der schönste Stein!

Robert Burns

Und was auch Schönes mir geschah
und was an Glück sich wollte einen
mit meinem Sein – es will mir scheinen,
ich lebe erst, seit ich dich sah!

Atsutada

Und wenn Du schreibst, Ihr wärt gern hier mit im burgundischen Feld, so möchte ich gern ein Zauberkäpplein haben und Euch darunter verstecken.

Kurfürst Albrecht von Brandenburg
an Anna

Der Steig war steil, doch wagten wir's
gemeinsam . . .
Und heut noch helfen wir uns, Hand in Hand.

Christian Morgenstern

Du weißt es: wer gebraucht wird, ist nicht frei,
Ich aber brauche dich, wie's immer sei
Ich sage ich und könnt auch sagen wir.

Bert Brecht

Mir ist es, denk' ich nur an dich,
Als in den Mond zu sehn;
Ein stiller Friede kommt auf mich
Weiß nicht, wie mir geschehn.

Johann Wolfgang von Goethe

VII.1926 MEPH
Dr. Willy Tropp

Mit Wonnegefühlen zaubere ich mir die seligen Stunden zurück, die ich durch Deine Liebe genoß, wo kein feindseliger Dämon sich zwischen uns drängte, Du alle Deine unendliche Lieblichkeit, jenes entzückende kindlichfrohe Wesen entfaltetest und mein Ernst dem Vollgefühl einer glühend erwiderten Liebe wich, und ich ahndete, daß nur solche Augenblicke das Höchste im Leben sind, daß sie festzuhalten nur wenigen vergönnt ist, und daß ein solches Übermaß des Glückes – könnte es dauernd sein – töten muß.

Carl Maria von Weber an Caroline Brandt

Mit Dir denke ich laut.

Leo Tolstoi an seine Frau

Ich will ein Gitter wohlgeschliffner Verse aus dem edelsten Metall
Dir flechten, das mit Sternen reich besetzt aus Reimen und Kristall,
Und dir auf's Haupt als eine ungeheure Krone setzen.

Charles Baudelaire

. . . Aber Du kennst mich ja und Du hast tausend Beweise, wie mein Herz Dir hingegeben ist; und Du weißt, daß wenn man gegen die Liebe fehlt, man sich selbst am meisten verwundet.

Diotima an Hölderlin

So stand ich einst vor dir, dich anzuschauen
und sagte nichts. Was hätt ich sagen sollen?
Mein ganzes Wesen war in sich vollendet.

JOHANN WOLFGANG VON GOETHE

Ein Zeichen von Ihnen, Geliebte! Ich breche sonst den Fensterknopf ab, den Sie öfter angefaßt haben.

KLAUS GROTH

Mein Morgenschlafhaar –
hüte mich, es zu kämmen.
Hat es doch bei Nacht
meines Geliebten süße Arme
zum Kissen gehabt.

UNBEKANNT

Unser beider Liebe soll nicht werden klein,
Es wachsen denn drei Rosen
auf einem Mühlenstein;
Und wenn die drei Rosen tragen Wein,
Soll unser beider Liebe aus sein.

ALTER SPRUCH

Die Erde lächelt, die Gewässer lächeln, die Himmel lächeln – aber ich, ich verlerne zu lächeln, wenn du mir nicht nahe bist.

INDIANISCHES VOLKSLIED

Weißt Du, daß es heute ein Jahr ist, daß wir im Holze waren! Wonniglich wollen wir hinaus, sobald wir es ohne Feuerstübchen tun können. Lebe recht wohl, liebes Bein von meinem Bein, und empfehle mich dem ganzen Dietrich'schen Hause.

Georg Christoph Lichtenberg
an seine Frau Margarete

Man müßte so sich ineinanderlegen
Wie Blütenblätter um die Staubgefäße.

Rainer Maria Rilke

Da habe ich Dir viel Worte machen müssen, und hätte Dir doch gerne so viel gesagt. Das Rechte kann ich aber nicht ausdrücken, es bleibt tief in meinem Herzen begraben.

Diotima an Hölderlin

Ich habe dich geliebet und ich will dich lieben,
So lang' Du goldner Engel bist;
In diesem wüsten Lande hier, und drüben
Im Lande, wo es besser ist.

Matthias Claudius

Doch – ich liebe Dich ja unter jeder Laune fort – mein Zustand ist also doch nicht der schlechteste. Denke recht oft an mich. Du weißts – ich bleibe unzertrennlich.

Hölderlin an Luise Nast

Ich möchte bei allem, was dir durch den Kopf geht, dabei sein.

Charles-Louis Philippe

Ich sah dich, und die milde Freude
Floß aus dem süßen Blick auf mich.
Ganz war mein Herz an deiner Seite,
Und jeder Atemzug für dich.
Ein rosafarbnes Frühlingswetter
Lag auf dem lieblichen Gesicht,
Und Zärtlichkeit für mich, ihr Götter!
Ich hofft' es, ich verdient' es nicht.

Johann Wolfgang von Goethe

Sieh: Früchte, Blumen, Laub, Gezweig, ohn' Ende!
Mein Herz sieh an: es schlägt für dich allein.

Paul Verlaine

Du abscheuliches Ding!
Ich glaube gar, ich bin in Dich verliebt! Seit gestern, da ich nämlich Deinen kritzligen Brief erhielt, hab ich ihn schon dreimal gelesen.

Franz Grillparzer an Katharina Fröhlich

Heut' aber schlag' ich aus dem Sinn mir alles Trübe,
Vergesse allen meinen Schmerz;
Und drücke fröhlich Dich, mit voller Liebe,
Vor Gottes Antlitz an mein Herz.

Matthias Claudius

Ex Libris D P

Diese Rose pflück' ich hier
In der fremden Ferne;
Liebes Mädchen, dir, ach dir
Brächt' ich sie so gerne!

Nikolaus Lenau

Hätt ich Flügel, zu dir zu fliegen, Krähenflügel,
dem Laufe der Wolken folgt ich,
ziehend zum Orrasee.

Aber mir fehlen die Flügel, Entenflügel,
Füße, rudernde Füße der Gänse,
die mich trügen zu dir.

Lang genug hast du gewartet, so viel Tage,
deine schönsten Tage,
mit deinen lieblichen Augen, mit deinem
freundlichen Herzen.

Und wolltest du mir auch weit entfliehn,
ich holte dich schnell ein.

Lappländisches Volkslied

Und du gabst dich mir im Unterholze
einmal hin und einmal her,
und du fragtest mich mit deutschem Stolze,
ob ich auch im Krieg gewesen wär . . .

Kurt Tucholsky

Wie hüpfet mein Herz, wie vergesse ich alles, wie lachend schreibe ich Dir! Innig Geliebte!

PESTALOZZI AN NANNETTE

Ich grüße dich Schöne
Ein Tausender wäre zu wenig
Für deine Augen
Zehn Jahre ging ich zu Fuß

UNBEKANNT

Deine Seele ist in meiner, meine ist in Deiner. Wenn Dein Jahr um die spielende Erde herumgeflattert ist, mögest Du sagen: wir haben uns oft verkannt und nie vergessen, und mein Freund ist noch bei mir. Ja, ich bleibe der Deinige, ich liebe Dich herzlich, und wenn ich Dich morgen wiedersehe, werd' ich nichts denken, als – ich liebe Dich herzlich.

JEAN PAUL AN KAROLINE VON FEUCHTERSLEBEN

Ich nehme Dein liebes Bild mit und freue mich des nächsten Tages der Dich mir wiedergeben wird.

JOHANN WOLFGANG VON GOETHE

Ich habe einen Schnee gehäuft
zwischen dich und mich
er schmolz unter deinem Lächeln.

JOHANNA MOOSDORF

Darum scheue Dein Herz nicht und glaube wie ich,
daß wir ewig unser und nur unser sind!

DIOTIMA AN HÖLDERLIN

Wie eine Mauer schloß die Nacht sich um uns dicht.
Und ich trank deinen Atem ein, o Gift, o Süße!
und meine Augen in dem Dunkel
ahnten deiner Augen Licht.
In meinen Händen brüderlich hielt ich dann
deine schlafesmüden Füße

CHARLES BAUDELAIRE

Der Abschied wie bedrängt, wie trübe!
Aus deinen Blicken sprach dein Herz.
In deinen Küssen, welche Liebe,
O welche Wonne, welcher Schmerz!
Du gingst, ich stund, und sah zur Erden,
Und sah dir nach mit nassem Blick;
Und doch, welch Glück! geliebt zu werden,
Und lieben, Götter, welch ein Glück.

JOHANN WOLFGANG VON GOETHE

Kranckheit, Verfälung, Bedröfnos on Pihn
Sol unsrer Löve Vernöttinge syn.

SIMON DACH

Philosette, dein Gesicht
Kommt mir aus dem Herzen nicht.

SIMON DACH

Ach, Wilhelm, wem könnte sich Deine Seele entfalten, wer diese Zartheit der Gefühle, diese anspruchslose Größe, diesen Zauberglanz der Schönheit in Dir bewundern und, nicht entflammt von heißer Begierde, tiefer in Dich sich zu versenken, neue Kräfte in sich fühlen und erhöhten Mut? Und in wessen Seele kann all das tiefer glühen als in der meinigen?

Karoline von Dacheröden
an Wilhelm von Humboldt

Wenn ich in deine Augen seh',
So schwindet all mein Leid und Weh;
Doch wenn ich küsse deinen Mund,
So werd' ich ganz und gar gesund.

Heinrich Heine

Sehen wir uns heute nicht mehr, so eilen wir zur Ruhe, weg von dem beschwerlichen Geschwätz der Menschen; wir eilen ins einsame Zimmer und träumen heiliger Umarmungen Seligkeit.

Pestalozzi an Nannette

Gestern weint ich in den Schoß des Glückes:
Ach, mir fehlt die Sonne deines Blickes!

Ricarda Huch

Ich habe dich je und je geliebet.

Heilige Schrift

Herzog Géza
és Irénke könyve.
Hans Volkert

Ich sehe Dich, Wilhelmine, und zu Deinen Füßen zwei Kinder, und auf Deinem Schoße ein drittes, und höre, wie Du den kleinsten sprechen, den mittleren fühlen, den größten denken lehrst.

Kleist an Wilhelmine von Zenge

Du schlichtes Mädchen im Alltagskleid, du liebes grünes Tier, ich liebe dir!

Kurt Schwitters

Ich hoff, du last mich nicht allain,
seit du nu pist mein höchster gral,
der alles laid verdecket.
Dein stäter diener ewiklich
so wil ich sein, du minniklich,
kürlich für aller frauen zal
mit reichem schatz bestecket.

Oswald von Wolkenstein

Stürz mich ruhig, Herr der Tiefe,
Wenn du willst, stürz mich hinab.
Aber gib, wenn sie mich riefe,
Gib, daß ich noch Kräfte hab.

Martin Beheim-Schwarzbach

Liebe dir ergeb' ich mich,
Dein zu bleiben ewiglich!

Angelus Silesius

Durch das Meer der Träume
Steuert ohne Ruh,
Steuert meine Seele
Deiner Seele zu.

Die sich dir ergeben,
Nimm sie ganz dahin,
Ach, du weißt, daß nimmer
Ich mein eigen bin.

Emanuel Geibel

Engel, sage,
Wird der Klage
   Noch gedacht,
Wenn mein Stengel
Lauter Engel
   Aus dir macht?

Aus der Sammlung »Delicae Poeticae«

Es ist nicht leicht, das Nötige zu sagen.
Ich liebe dich. Sonst nichts.

Albert Ehrismann

Du liebst mich nicht, du liebst mich nicht,
Das kümmert mich gar wenig;
Schau' ich dir nur ins Angesicht,
So bin ich froh wie'n König.

Heinrich Heine

Hörst du, Geliebte, ich schließe die Lider,
und auch *das* ist Geräusch bis zu dir.

Rainer Maria Rilke

Dies soll und darf ja kein Liebesbrief sein, und ich muß schließen, wie ich angefangen habe: Gnädiges Fräulein! Genehmigen Sie die Versicherung meiner vollkommensten Hochachtung.

Detlev von Liliencron
an Helene von Bodenhausen

Sind wir so eng beieinander, ach wünschtest du dann doch, es bände
Uns eine Kette so fest, daß uns kein Tag wieder löst.
Der geht fehl, der ein Ende begehrt für die Tollheit der Liebe;
Wahrhafte Liebe will nichts wissen von Maß oder Ziel.

Properz

Wenn ich von deinem Anschaun tief gestillt,
Mich stumm an deinem heilgen Wert vergnüge,
Dann hör ich recht die leisen Atemzüge
Des Engels, welcher sich in dir verhüllt.

Eduard Mörike

So, mit morgenroten Flügeln,
Riß es mich an deinen Mund,
Und die Nacht mit tausend Siegeln
Kräftigt sternenhell den Bund.
Beide sind wir auf der Erde
Musterhaft in Freud und Qual,
Und ein zweites Wort: Es werde!
Trennt uns nicht zum zweitenmal.

Johann Wolfgang von Goethe

In dich gebogen, ganz von dir umnachtet,
Von dir verschlungen wird die Seele still.

Ricarda Huch

All mein Gedanken, die ich hab, die sind bei dir!
Du auserwählter ein'ger Trost, bleib stet bei mir!
Du sollst an mich gedenken;
Hätt ich aller Wünsch Gewalt,
Von dir wollt ich nicht wenken.

Unbekannt

Anna Blume! Anna, a-n-n-a, ich träufle deinen
Namen. Dein Name tropft wie weiches Rindertalg.
Weißt du es, Anna, weißt du es schon?
Man kann dich auch von hinten lesen, und du,
du Herrlichste von allen, du bist von hinten wie
von vorne: »a-n-n-a«.

Kurt Schwitters

Ich hân sô vil gesprochen und gesungen
daz ich bin müede und heis von mîner klage.
ich bin umb niht wan umb den wân betwungen,
sît si mir niht geloubet daz ich sage,
wie ich si minne, und ich sô holdez herze ir trage.

Heinrich von Morungen

Du allein bist mir aus Tausenden erlesen, du allein bist in das Heiligtum meines Geistes aufgenommen, du allein bist mir Genüge statt allem, wenn du dich nämlich von meiner Liebe, wie ich hoffe, nimmer abwendest.

Wernher der Mönch

Deine Augen machen selbst nach Regen den Himmel matt vor Neid.

Louis Aragon

O liebes Weib, mir ist es als hätte ich Dich in tausend Jahren nicht gesehen! o hilf mir, mache, daß ich bald bei Dir sein darf! ich fühle mich so treu und freundlich!

Clemens Brentano an Sophie Mereau

So gib nun deine Lippen, gib,
Und laß mich deinen Kuß nicht missen,
Mein Seelichen, mein Schatz, mein Lieb,
Komm, laß uns, weil es sein kann, küssen.

Georg Greflinger

Ich kam gegangen
zuo der ouwe:
dô was mîn friedel komen ê.
dâ wart ich enpfangen,
hêre frouwe,
daz ich bin saelic iemer mê.
kuster mich? wol tûsentstunt:
tandaradei,
seht wie rôt mir ist der munt.

Walther von der Vogelweide

Du bist wie eine Blume
So hold und schön und rein;
Ich schau dich an, und Wehmut
Schleicht mir ins Herz hinein.

Heinrich Heine

Sieh! eh noch unser Hügel, o Liebe, sinkt,
Geschiehts, und ja! noch siehet mein sterblich Lied
Den Tag, der, Diotima! nächst den
Göttern mit Helden dich nennt, und dir gleicht.

Friedrich Hölderlin

Mich verlangt nach dir,
Wie die Flut nach dem Strande,
Wie die Schwalbe im Herbst
Nach dem südlichen Lande.

Ricarda Huch

EX LIBRIS
ANS VAN DER KUYLEN

Zum Schlusse wage ich noch eine Bitte: sie ist, daß ich wieder gern so glücklich sein möchte, eine von Hasenhaaren gestrickte Weste von Ihrer Hand zu besitzen. Verzeihen Sie die unbescheidene Bitte. Sie entsteht aus großer Vorliebe für alles, was von Ihren Händen ist, und heimlich kann ich Ihnen wohl sagen, eine kleine Eitelkeit liegt mit dabei zugrunde, nämlich, um sagen zu können, daß ich etwas von einem der besten, verehrungswürdigsten Mädchen in Bonn besitze. Ich habe zwar noch die erste, womit Sie so gütig waren, mich zu beschenken, aber sie ist durch die Mode so unmodisch geworden, daß ich sie nur als etwas von Ihnen mir sehr theueres im Kleiderschrank aufbewahren kann.

Ludwig van Beethoven
an Eleonore von Breuning

Dann rannte ich 3 Stunden wie ein Verrückter in den Straßen. Es war alles in Sonnenlicht getaucht. Vor den Fenstern standen Frühlingsblumen. Die Sperlinge schwatzten, die Lerchen jubelten, die alten Krähen stolperten noch einmal so vergnügt durch die Luft. Die Menschen lachten. Ich kaufte beim Gärtner eine Levkoje, Deine Lieblingsblume, jetzt steht sie vor mir; und süße Erinnerungen ruft sie in mir wach.

Detlev von Liliencron
an Helene von Bodenhausen

Werf ich den Apfel dir zu und bist du geneigt,
mich zu lieben,
O, so fang ihn und schenk mir deine Keuschheit
dafür.

Plato

Ach Lieb, laß dich erbarmen,
Daß ich so elend bin,
Und schleuß mich in dein Arme!

Unbekannt

Eile mir nicht zum Vollzuge, dem zarten,
Süße, drin Sein und Nichtsein stritt,
denn ich lebte vom Dich-Erwarten,
und mein Herz war nichts als dein Schritt.

Paul Valéry

Wenn von Papier der Himmel wär
und jeder Stern ein Schreiber,
und jeder Schreiber hätt tausend Händ,
sie schrieben nicht unsre Lieb zu End.

Volksmund

Ach Kind, ich bin 50 Jahr! Da hat die Liebe nur noch ein Sehnen, das meines fliegenden Holländers: Ruhe nach Stürmen! Aber wie Du gemacht bist, gebe ich die Hoffnung nicht auf, sie mit Dir zu erreichen!

Richard Wagner an Mathilde Maier

Komm, Mädchen, mir nicht auf die Stube.
Du klipperst und klapperst mit Teller und Tassen,
Rasch muß ich von Arbeit und Handwerkzeug
lassen,
Du kleine Kokette.
Und muß dich küssen und stürmisch umfassen.
Komm, Mädchen, mir nicht auf die Stube.

Detlev von Liliencron

Ja, Deandl, de Liab
is a g'spaßiga Kauf:
das Herzl verschenkt ma,
'n Kopf gibt ma drauf.

Volksmund

Du Frohaugige hast herzraubende Reize genug
auch ohne Korsett.

Amaru

Der Brief, den du geschrieben,
Er macht mich gar nicht bang;
Du willst mich nicht mehr lieben,
Aber dein Brief ist lang.
Zwölf Seiten, eng und zierlich!
Ein kleines Manuskript!
Man schreibt nicht so ausführlich,
Wenn man den Abschied gibt.

Heinrich Heine

Laß mich Dich noch einmal in Gedanken, die ich aussprechen noch darf, aufs Innigste und Heißeste an diese Brust drücken, an dies treue Herz, das nur Dich denkt, nur Dich dachte und ewig denken wird.

Carl Maria von Weber an Caroline Brandt

O vergiß es, vergib! gleich dem Gewölke dort
Vor dem friedlichen Mond, geh' ich dahin, und du
Ruhst und glänzest in deiner
Schöne wieder, du süßes Licht!

Friedrich Hölderlin

Die zwei Worte sind süß! mein Herz sagt sie immer fort,
Du hörst sie nicht, von meinem Mund mußt du sie nehmen,
Ich schließ die Lider, nimm, doch sag kein Wort.

Marceline Desbordes-Valmore

Ich kann dich im Dunkel sehn.

Karl Krolow

Und ich gehe, zu den liebsten besten Menschen, aber warum von Ihnen.

Johann Wolfgang von Goethe
an Lotte Buff

... Aber warum bist du nicht hier.

Rainer Maria Rilke

... wenn Du mich nur halb so liebst wie ich Dich, dann freuen Dich auch ein paar Worte. Und wenn sie auch nichts enthalten, als die Versicherung: »Ich habe Dich lieb. Ich kann den Tag nicht erwarten, wo Du mir gehörst.«

Ludwig Thoma an seine erste Frau Marion

Und wenn drei Wünsche wären mein –
mein erster wäre Anna!

Robert Burns

Was ich mit äußerm Sinn, mit innerm kenne,
Du Allbelehrende, kenn ich durch dich;
Und wenn ich Allahs Namenhundert nenne,
Mit jedem klingt ein Name nach für dich.

Johann Wolfgang von Goethe

Wenn ich bei meiner Liebsten bin,
Dann geht das Herz mir auf;
Dann bin ich reich in meinem Sinn
und biet' die Welt zu Kauf.
Doch wenn ich wieder scheiden muß
Aus ihrem Schwanenarm,
Dann schwindet all mein Überfluß,
Und ich bin bettelarm.

Heinrich Heine

Liebe Seele, warum habe ich Dich verlassen? Warum hast Du mich gehen lassen? Ach, wir sind so kläglich vernünftig! Ach, wenn Du den leisesten Wunsch verspürst, mich wiederzusehen, so komm, Du wirst mich einsam, einsam finden!

Franz Liszt an Marie

Wie mühsam schleppten meine müden Füße
Raum zwischen Dich und mich.
Wie heimlich freute sich mein Herz
Als kleiner Du und kleiner wurdest.
– Da riefst Du –
Und Aug' in Auge waren wir
Und aller Raum war Lüge.

Els Kleinwort

Bang hab ich gedacht:
Sterben müßt ich, hätt ich dich noch lieber.

Ricarda Huch

Liebtest du mich, so fühltest du lange,
wie sehr du geliebt wirst:
nur ein befangenes sieht in ein befangenes Herz.

August von Platen

Weißt Du wohl Schnucke, daß ich verliebt bin – rate einmal in wen?

Fürst Pückler-Muskau

Oh, könnte ich Dir meine Briefe an Dich, meine Tagebücher an Dich zeigen. Oft als wären wir verheiratet und ich wäre nur zufällig weit, weit von Dir entfernt – oft unsinnig und schwärmerisch – oft als wenn wir verlobt wären – aber: doch meistens als wären wir verheiratet – dann schreib ich Dir alle meine Sorgen, meine Freuden und Leiden.

Detlev von Liliencron
an Helene von Bodenhausen

Liebe Seelens Pelle! Alles üble, alles Misbehagen kannst nur Du aus mein Innerstes vertreiben – allein es war zu glücklich! Es scheint mir ein Traum! Mein Herz, meine Imagination hascht danach und ich kann es nicht fassen, diesen Zeitraum vom Genuß, von Liebe jenen steten Rausch! Nähre, fülle mein Herz mit diesen Liebestönen, daß sie stets im Herzen Deines Louis weiterhallen.

Prinz Louis Ferdinand von Preussen
an Pauline wiesel

Ob ich dich liebe, weiß ich nicht.
Seh ich nur einmal dein Gesicht,
Seh dir ins Auge nur einmal,
Frei wird mein Herz von aller Qual.

Johann Wolfgang von Goethe

Auf eines Berges Gipfel,
Da möcht' ich mit dir stehn,
Auf Täler, Waldeswipfel
Mit dir herniedersehn;
Da möcht' ich rings dir zeigen
Die Welt im Frühlingsschein
Und sprechen: »Wär's mein eigen,
So wär' es mein und dein.«

Ludwig Uhland

Ich will dich küssen, daß es kracht,
daß es dir im Herzen lacht;
aber, Kind, bei meiner Ehr:
Babbeln darfst du mir nicht mehr.

Volkslied aus dem Elsass

Geh, verzweifle nicht. Unsere Körper sind noch jung, die Liebe kann sie verklären! Und unsere Seele (denn wir haben beide zusammen nur eine) ist zu großen und herrlichen Freuden ausersehen.

Franz Liszt an Marie

Siehe, meine Freundin, du bist schön! siehe, schön bist du! Deine Augen sind wie Taubenaugen zwischen deinen Zöpfen. Dein Haar ist wie eine Herde Ziegen, die gelagert sind am Berge Gilead herab.

Heilige Schrift

Albanie, wer kann die Süßigkeit
Der zwei vermischten Geister recht entdecken?
Wenn Lieb und Lust ein Essen uns bereit,
Das wiederholt am besten pflegt zu schmecken,
Wünscht nicht dein Herz, daß es dabei vergeh,
Albanie?

Christian Hofmann von Hofmannswaldau

Seit du mir fern bist,
Hab ich nur Leid,
Weiß ich, was Sehnsucht ist
Und freudenlose Zeit.

Ricarda Huch

Dürft ich dich unsichtbar und ätherisch
umschweben, o dürft ich
mengen mich unter die Luft, die um die Lippe
dir spielt!

August von Platen

Gedenke dann an jenes Sträuben,
an deine holde Schüchternheit,
es mögte stets von unserm Streit
die Spur auf jenen Lippen bleiben,
die tausendmal mein Mund berührt,
eh' du, zum Widerstehn schon schwächer,
den schärfsten Pfeil aus Amors Köcher
in deine Grotte selbst geführt.

Johann Gabriel Bernhard Büschel

Sie flüsterte, es war kein Wort,
Ein Hauch nur, der in Duft zerrann.
Du bist ein sehr geliebter Mann.
Du bist ein sehr geliebtes Weib,
So sprachen sie und schwiegen dann.

Friedrich Rückert

Das Liebhaben ist gewiß das größte Wunder im Himmel und auf Erden und das Einzige, von dem ich mir vorstellen kann, daß ich es in Ewigkeit nicht satt bekommen werde.

Caroline Claudius an Friedrich Perthes

Träumt' ich je, daß ich erführe,
Was für Freuden, Freuden sind?
Wenn die Freude töten kann,
Triffst du nie mich wieder an.

Leopold Friedrich Günther von Goeckingk

An mein verliebtes Herz komm, schöne Katze;
Laß mich in deine schönen Augen versinken,
Die im Gemisch von Gold und Achaten blinken,
Zieh ein die scharfen Krallen deiner Tatze.

Charles Baudelaire

In tausend Formen magst du dich verstecken,
Doch, Allerliebste, gleich erkenn ich dich.

Johann Wolfgang von Goethe

O Liebling, süßer zarter Liebling, nimm Dich in acht vor meinem Kusse, daß ich Dich nicht totdrücke, wenn ich Dich wiedersehe.

LUDWIG THOMA AN SEINE ERSTE FRAU MARION

Dû bist mîn, ich bin dîn:
des solt dû gewis sin.
dû bist beslozzen
in mînem herzen:
verlorn ist das slüzzelîn:
dû muost immer drinne sîn.

WERNHER VON TEGERNSEE

Sans phrase der Deinige von Kopf bis zur Zehe.
Küsse lassen sich nicht schreiben. Leb wohl.

BISMARCK AN JOHANNA VON PUTTKAMER

Doch bin ich dein, auch du gehörst der Deinen.
Du kannst mir nicht entfliehn, dich neu gewänn ich.

RICARDA HUCH

Viele kränken sich, daß ihr Ruhm erst nach ihrem Tode kommt; ich aber habe nichts dergleichen zu wünschen. Ich würde nicht nur den größten Teil, sondern meinen ganzen Ruhm dafür geben, wenn Du Dich während meines Lebens selig mit mir vereinigen könntest, wie Du es nach meinem Tode tun wirst.

LEO TOLSTOI AN SEINE FRAU

Ich weine, wenn die Sonne untergeht, da sie dich meinem Blick entzieht.

René Char

Ich möchte
nicht mehr leben,
Möcht augenblicks
verderben,
Und möchte doch
auch leben
Für dich,
mit dir,
und nimmer,
nimmer sterben.

Georg Friedrich Daumer

Wir wollen wie zwei seltene Tiere liebesruhen
Im hohen Rohre hinter dieser Welt.

Else Lasker-Schüler

Zehn Jahre schon daß du mich liebst
Zehn Jahre zehn Minuten gleich
Und immer seh ich dich zum ersten Mal.

Claire Goll

Ich mag Dich, weil Du das Gewürz in der Suppe meines Lebens bist.

Hansjörg Martin

Wärest Du doch bei mir, wie wollte ich Dich küssen. Immer tiefer solltest Du empfinden, wie tief meine Liebe zu Dir ist. Wie seltsam, ich spüre, ich sehe Deine Liebe, sowie Du meine Liebe spürst und siehst. Ich weiß ein Herz, das fast mein eigen ist, das mich stärker liebt, als ich mich lieben könnte, gehört mir. Hast Du nicht auch das gleiche Gefühl? Wenn Du leidest, so leide ich auch; ich bin ganz Dein – jetzt und für immer dar . . .

Charles de Coster an »Eliza«

Wenn du mich anblickst, bin ich glücklich wie die Blumen, wenn sie den Tau fühlen.

Indianisches Volkslied

Und nun ruh ich dir zu Füßen,
Bin ganz krank vor Lust und Weh;
Sag, süß Lieb, sag, darf ich küssen,
Die dich schmerzt, die kleine Zeh?

Clemens Brentano

Was sagen wir zu Tag und Jahr?
Die Stille macht sich offenbar,
die Worte werden klein.
Du bist mir alle Tage not
wie Wasser, Luft und schwarzes Brot,
wie Feuer, Salz und Wein.

Werner Bergengruen

Wir träumten voneinander
Und sind davon erwacht,
Wir leben, um uns zu lieben,
Und sinken zurück in die Nacht.

Friedrich Hebbel

Ach, wärest Du doch jetzt hier in meinem Zimmer. Freilich, es sieht recht unordentlich darin aus, aber ich weiß, auch diese Unordnung würdest Du lieben, wie ich sie liebe. Und wenn ich in diesem Zimmer um mich blicke, so steht in Gedanken auf allem schon Dein geliebter Name geschrieben: auf den Blumen der Tapete, auf dem Muster des Teppichs, auf den Bildern, die an den Wänden hängen. Doch nicht nur Deinen Namen, nein alles, was Du sagst, geschrieben oder getan hast, vermag ich dort zu lesen.

Charles de Coster an »Eliza«

Du bist die Ruh,
Der Friede mild,
Die Sehnsucht du,
Und was sie stillt.

Friedrich Rückert

Ohne Pferde und ohne Frau halte ich hier nicht länger aus. Wir kommen morgen zurück.

Otto von Bismarck an seine Frau Johanna

EX LIBRIS
Dr FRIEDR
BERGER
MV
18

Morgens schlich ich mich, o Liebe!
Dir als Zwieback in den Mund.

Aloys Blumauer

Wenn ich Dir alles erzählen wollte was ich mit Deinem lieben Portrait anfange, würdest du wohl oft lachen. Zum Beispiel wenn ich es aus seinem Arrest herausnehme; so sage: grüß dich Gott, Stanzerl! – Grüß dich Gott Spitzbub – Kraller-baller – Spitzignas – Bagatellerl – schluck und druck – und wenn ich es wieder hineintue so lasse ich es so nach und nach hinunterrutschen, und sage immer Nu – Nu – Nu – Nu! aber mit dem gewissen Nachdruck den dieses so vielbedeutende Wort erfordert und bei dem letzten Schneller: Gute Nacht, Mauserl, schlaf gesund! – Nun glaube ich so ziemlich was Dummes (für die Welt wenigstens) hingeschrieben zu haben, für uns aber, die wir uns so innig lieben, ist es gerade nicht dumm.

Wolfgang Amadeus Mozart an seine Frau Konstanze

Ich hasse das Geschicke,
Das uns von sammen zieht.

Johann Christian Günther

Nur die ich denke: Dich

Rainer Maria Rilke

Die Rosen leuchten immer noch,
die dunklen Blätter zittern sacht;
ich bin im Grase aufgewacht,
o kämst du doch,
es ist so tiefe Mitternacht.

Richard Dehmel

Unter deinem Haupt die Linke,
Muß dich meine Rechte herzen;
Wenn ich deinen Kuß nicht trinke,
Muß verdürsten ich in Schmerzen!

Clemens Brentano

Und weisst du, Liebster, manches dacht' ich heute
und dachte, wenn wir alte Leute wären
und dann vor unserm kleinen Hause sässen,
so auf der lieben Bank am Feierabend,
und da die Menschen ab und zu spazieren
am Feierabend in der trauten Strasse
– wir kennen alle längst und alle uns –
und grüssen dann und einer stehen bleibt,
ein Alterchen, und nickt und spricht und nickt:
»Vor dreissig Jahren, ja das waren Zeiten –«
und wir dann nicken und die Köpfe schütteln:
»Ja, ja, Herr Nachbar, wie die Zeit vergeht!«
und viele Kinder spielen laut um uns:
Das wäre wunderschön, o Liebster, nicht?

Walter Carlé

Deine zwo Brüste sind wie zwei junge Rehzwillinge, die unter den Rosen weiden.

Heilige Schrift

Ich bin dein Wegrand.
Die dich streift,
Stürzt ab.

Else Lasker-Schüler

Da im Ehestand die Kleinigkeiten oft die Quelle großen Zwistes sind, so verpflichten wir uns, einander in unbedeutenden Dingen ohne den leisesten Widerspruch nachzugeben.

Aus dem Ehevertrag zwischen
Ferdinand und Louise

Mein Jettchen, mein Herzchen, mein Liebes, mein Täubchen, mein Leben, mein liebes, süßes Leben, mein Lebenslicht, mein Alles, mein Hab und Gut, meine Schlösser, Äcker, Wiesen und Weinberge, o Sonne meines Lebens, Sonne, Mond und Sterne, Himmel und Erde, meine Vergangenheit und Zukunft, meine Braut, mein Mädchen, meine liebe Freundin, mein Innerstes, mein Herzblut, mein Eingeweide, mein Augenstern, o Liebste, wie nenn' ich Dich?

Heinrich von Kleist an Henriette Vogel

. . . was du in mir geschaffen, wozu du mich erhoben hast, fühle ich so klar, weil ich mich jeder Periode der Vergangenheit so deutlich erinnere, sie so genau weiß. Aber wie oft ich bei dem einen oder dem anderen Bild weile, so steigt doch das Gefühl erst dann zur höchsten Höhe empor, wenn ich an unsere Vereinigung, an das Wesen denke, das diese einzige Liebe, uns beide so innig aneinanderschmelzend, gebildet hat. Jedem einzelnen von uns wäre diese Höhe unerreichbar gewesen.

Wilhelm von Humboldt
an seine Frau Karoline

Du bist allerdings schön, meine Freundin, und ist kein Flecken an dir.

Heilige Schrift

Lieb mich, lieb mich!
Sieh wie die Stunden schwinden,
Wir müssen schnell genießen!
Es kann der Mensch den Hafen nicht,
die Zeit nicht Küsten finden,
Wir sterben und die Stunden fließen!

Alphonse de Lamartine

Otilie lieb, Otilie mein,
du wirst wohl nicht die letzte sein –

Heinrich Heine

Kehr ein bei mir,
Und schließe du
Still hinter dir
Die Pforten zu.

FRIEDRICH RÜCKERT

Die Sonne trägt Mitschuld an meiner Freude,
Sie spielt zwischen dem Atlas und der Seide
Und macht dich noch einmal so schön.

PAUL VERLAINE

Bringe Botschaft ihm, dem Prachtbaum,
Daß den Weg zum Wald er nehme,
Komme, um mit mir zu schlafen
Bei den Liebesblättern.
Sage ihm, wie ich mich sehne,
Dort in seinem Arm zu ruhen
Bei den Liebesblättern.
Hin zum Walde will ich laufen,
angstvoll, ob er denn auch komme,
einsam bin ich ohne ihn –

VOLKSLIED VON DEN SÜDSEEINSELN

Was ich konnte, sprach ich aus:
»Liebste du, mein Alles du!«
Östlich brach ein Licht heraus,
Schwerer Tag trieb mich nach Haus,
Und mein Mund ist wieder zu.

HUGO VON HOFMANNSTHAL

Will meine linke Hand die zarten Bietzgen suchen,
Die runden Dinger sind der rechten Liebe Glut,
Was Wunder, daß mein Geist danach
so brünstig tut?
Du pflegst den Flöhen ja dasselbe zuzulassen,
Weswegen willst du denn darob
mich Armen hassen?

Celander

O pfeif nur und gleich bin ich bei Dir, mein Schatz!

Robert Burns

Wenn ich tot bin, darfst du gar nicht trauern.
Meine Liebe wird mich überdauern
Und in fremden Kleidern dir begegnen
Und dich segnen.

Lebe, lache gut!
Mache deine Sache gut!

Joachim Ringelnatz

Alle meine Träume hängen an deinem Golde,
Ich habe dich gewählt unter allen Sternen.

Else Lasker-Schüler

Du gehörst mir ganz, überdies die erste Grundlage des Glücks, war ich noch niemals so sehr wie bei Dir beruhigt.

Fürst Metternich an Fürstin Lieven

Recht feierlich liebe Lotte mögt ich Dich bitten vermehre nicht durch Dein süßes Betragen täglich meine Liebe zu Dir. Ach meine Beste warum muß ich Dir das sagen? Du weißt doch wie voll Danks mein Herz für Dich ist.

Johann Wolfgang von Goethe
an Frau von Stein

Geliebter Franz!
Du weißt es ja, Dein bin ich ganz!

Wilhelm Busch

Setz du einen Spiegel ins Herz mir hinein,
Damit du kannst sehen, wie so treu ich es mein'!

Unbekannt

Wie schön ist deine Liebe, meine Schwester, liebe Braut! Deine Liebe ist lieblicher denn Wein, und der Geruch deiner Salben übertrifft alle Würze.

Heilige Schrift

Mein Fräulein! Sie schreiben heute Abend etwas für mich, ich will auch etwas für Sie schreiben. – Nehmen Sie allen Mut Ihres Herzens zusammen, um vor der Frage nicht zu erschrecken, die ich hiermit an Sie richte: Wollen Sie meine Frau werden?

Friedrich Nietzsche
an Mathilde Trampedach

O brich nicht, Steg! du zitterst sehr.
O stürz nicht, Fels! du dräuest schwer.
Welt, geh nicht unter, Himmel fall nicht ein,
Eh ich mag bei der Liebsten sein.

Ludwig Uhland

O welche göttliche Idee
Ist dieser Hals, der blanke,
Worauf sich wiegt der kleine Kopf,
Der lockige Hauptgedanke.

Heinrich Heine

Siehst du, wie die Birken zittern?
Meine Seele zittert so.

Ricarda Huch

Deine zwei schwarzbraunen Äugelein,
die gar so freundlich blicken,
sollt dir daran geschehn ein Leid,
so spräng mein Herz in Stücken.

Volkslied

Den Altar geben deine Brüste,
  Das Rauchwerk glüht in deiner Schoß,
Hier stillen wir des Fleisches Lüste
  Und dämpfen sie auf einen Stoß,
Bis wir durch ein geschwächtes Küssen
  Auch in das Complett treten müssen.

Johann Christian Günther

EX LIBRIS
ARTHVR
GVTHRIE
MVSIQVE AND SWEET POETRIE AGREE
AS THEY MVST NEEDES
DATE

Gern hielt ich als Wachspomade
   Dir die krausen Locken hier,
Oder steckte gar, o Gnade!
   Dort im Krepp als Nadel dir.
Wollte gern beim Puderpüsten
   Kreisend um dein Haar mich drehn,
Oder mit den Kolonisten
   Deines Haars spazieren gehn!

Aloys Blumauer

Riß ich nicht ins enge leben
Durch die stärke meiner liebe
Einen stern aus seiner bahn?

Stefan George

Der erste Tag im Monat Mai
Ist mir der glücklichste von allen.
Dich sah ich und gestand dir frei,
Den ersten Tag im Monat Mai,
Daß dir mein Herz ergeben sei.
Wenn mein Geständnis dir gefallen,
So ist der erste Tag im Mai
Für mich der glücklichste von allen.

Friedrich von Hagedorn

Und mein Herz hat nur einen Gedanken –
dich und dein Glück.

Gustav Falke

Wat kickst mi an,
eck hebb min Mann;
wärst eh'r gekame,
hädd eck di gename.

Volksmund

Wollte ich Dich doch heut' noch recht streicheln, bis Du behaglich geknurrt hättest. Bemühe Dich nicht, eine steife glatte Hecke zu werden von Hause aus. Die kann kräftig und grün nur dann dastehen, wenn sie wild hinauswächst und vom Gärtner mitten durchs Leben beschnitten wird, und das werde ich ja doch nicht über mein Herz gewinnen; wachse beliebig als Waldrose; das häßliche Moos und die allzu scharfen Dornen wollen wir uns beide bemühen, schmerzlos und vorsichtig zu entfernen. Ich gedenke Deiner, wenn ich bete.
Je t'embrasse. Dein Knecht B.

Otto von Bismarck an seine Frau Johanna

O stru! stri! ich küsse und drück Dich 1095060437082mal (hier kannst Du Dich im Aussprechen üben) und bin ewig Dein treuester Gatte und Freund.

Wolfgang Amadeus Mozart
an seine Frau Konstanze

Küsset dir ein Lüftelein
Wangen oder Hände,
Denke, daß es Seufzer sein,
Die ich zu dir sende;
Tausend schick ich täglich aus,
Die da wehen um dein Haus,
Weil ich dein gedenke.

Unbekannt

Wenn mein heißes Herz in tausend Stücke
brechen wird, so wirst du sehn, Geliebte,
daß ein jedes dieser tausend Stücke
liebt wie tausend unversehrte Herzen!

Hafis

Du kennst jetzt die ganze ernste, entscheidende Stimmung meiner Seele; sie bezieht sich auf meine ganze Lebens-Anschauung, auf alle Zukunft, auf Alles, was mir nahe steht, – und so auch auf Dich, die Du mir das Teuerste bist! Laß mich nun noch auf den Trümmern dieser Welt des Sehnens – Dich beglücken!

Richard Wagner an Mathilde Wesendonck

Meine Liebe ist unendlich wie die Seele,
die in mir lebt,
meine Seele selbst ist diese Liebe.

Johann Nestroy

Du Allerliebstes, du mein Mondgesicht!
O du mein Phosphor, meine Kerze,
Du meine Sonne, du mein Licht.

JOHANN WOLFGANG VON GOETHE

Mein ganzes Wesen ist ja allein und ewig Dein, mein einziges Streben, das Ringen aller meiner Kräfte ist, tiefer in Dich mich zu versenken, inniger in mich Dich aufzunehmen und Dich aufblühn zu sehen an meiner Seite, in der höchsten, ungebundensten Freiheit.

WILHELM VON HUMBOLDT
AN SEINE FRAU KAROLINE

Wo du dich selber liebest,
So liebe mich;
Gib mir, daß wann du gibest,
Verlier auch ich.

MARTIN OPITZ

Ich liebe dich, weil ich dich lieben muß;
ich liebe dich, weil ich nicht anders kann;
ich liebe dich nach einem Himmelsschluß;
ich liebe dich durch einen Zauberbann.

Dich lieb' ich wie die Rose ihren Strauch,
dich lieb' ich wie die Sonne ihren Schein,
dich lieb' ich, weil du bist mein Lebenshauch,
dich lieb' ich, weil dich lieben ist mein Sein.

FRIEDRICH RÜCKERT

Wenn ich ein Vöglein wär,
Und auch zwei Flügel hätt
Flög ich zu dir.
Weils aber nicht kann sein,
Bleib ich allhier.

Bin ich gleich weit von dir,
Bin ich doch im Traum bei dir
Und red mit dir;
Wenn ich erwachen tu,
Bin ich allein.

Es vergeht kein Stund in der Nacht,
Da nicht mein Herz erwacht
Und an dich denkt,
Daß du mir vieltausendmal,
Dein Herz geschenkt.

Unbekannt

Herz, liebes Herz, wo neunzig Meilen zwischen uns liegen! schickst Du mir ein so verflucht kaltes Trutzkartl herüber, und ich kann Dich nicht einmal fragen, was Dir ist? Abscheuliche!

Nikolaus Lenau an seine Frau Sophie

Wenn ich ein Gimpel wäre,
so flög ich gleich an dein Herz;
du bist ja hold den Gimpeln,
und heilest Gimpelschmerz.

Heinrich Heine

O deine süßen Augen
Sind meine Lieblingsblumen.

Else Lasker-Schüler

Ich werde nicht in dein Herz eingehen, um sein Gedächtnis zu begrenzen. Ich werde deinen Mund nicht festhalten, um zu hindern, daß er sich der Bläue der Luft und dem Durst des Scheidens öffne.

René Char

Wenn ich eine Nachtigall wäre,
so flög ich zu dir, mein Kind,
und sänge dir nachts meine Lieder
herab von der grünen Lind.

Heinrich Heine

Du bist doch das allerliebste Wesen, so weit ich sehe und denke. Mach, was Du willst, Du kannst an meiner Liebe nichts verrücken. O wär ich wieder bei Dir!

Nikolaus Lenau an seine Frau Sophie

Und wenn du schiltst und wenn du tobst,
ich werd es geduldig leiden;
doch wenn du meine Verse nicht lobst,
laß ich mich von dir scheiden.

Heinrich Heine

EX LIBRIS
GER

I werd no ganz dumm, dumm,
d' Liab bringt mi um, um,
und wann i stiab, stiab, nacha
waar's zweng da Liab.

Volksmund

In aller Früh', ach, lang' vor Tag,
Weckt mich mein Herz, an dich zu denken.

Eduard Mörike

Darum, zum Termin der vereinbart war,
Begleicht mir nun meine Küsse in bar,
Die Hauptsumme und die Zinsen desgleichen:
Denn wißt, als mein eigener Büttel nehm ich,
Wenn Ihr Euch weigert
– nichts wird mich erweichen –,
In Schuldenhaft Euch höchstkörperlich.

Gabriel Charles de Lattaignant

Solang ich leb auf Erden,
sollst du mein Trimpeltrampel sein,
und wenn ich einst gestorben bin,
so trampelst hinterdrein.

Volkslied

Daß ich doch so viel Wert gehabt habe, daß Dein Herz mich so liebt, wird dereinst mein größter Schmuck vor dem Herrn sein.

Adalbert Stifter an seine Frau Amalia

Ehe ich dich hatte, brauchte ich alle Tugenden zu Stufen, um an dich zu reichen; nun aber, da ich dich habe, setze ich dich oben darauf, und du bist nun bis dahin die oberste Stufe, von welcher ich weiterschaue.

Justus Möser

Ist doch die Seele mein
So ganz geworden dein,
Zittert in deiner Hand,
Tu ihr kein Leid!

Theodor Storm

Komm, ich trage dich, du wildes Wunder:
Wie dich Gott gemacht hat! Weg den Plunder!
Und dein Brautbett ist die ganze Erde.

Richard Dehmel

Ich steh auf des Berges Spitze,
und werde sentimental.
»Wenn ich ein Vöglein wäre!«
Seufz ich viel tausendmal.

Heinrich Heine

So bitter hatt ich's nie gedacht,
Allein zu sein
Und nicht in deinem Haar gebettet sein!

Hermann Hesse

Ständig lechze ich nach dir,
Zähme kaum die Glut in mir.

Walther von Châtillon

Getrennt, wie hatten wir uns viel zu sagen,
Und sagten stets nur eines: Liebst du? Ja!

Ricarda Huch

Du sagst immer, Du könntest nicht schreiben, und schreibst mir einen Brief, den der erste Dichter unseres Volkes nicht schöner zu schreiben imstande wäre. Gezierter und geschraubter könnte er schreiben, wahrer und heiliger nicht. Du kennst überhaupt Deinen Wert nicht, wie ich Dir oft sagte; ich aber kenne ihn und ehre ihn.

Adalbert Stifter an seine Frau Amalia

Was vor Rosen,
schöner Engel,
laufen durch
dein Angesicht.

Johann Christian Günther

Wenn ich eine Schwalbe wäre,
so flög ich zu dir, mein Kind,
und baute mir mein Nestchen,
wo deine Fenster sind.

Heinrich Heine

Nun mich der neue Trost aus eurem Brief anlacht.
Doch warum heißt ihr mich dies schöne Pfand
verbrennen?
Wollt ihr in meiner Nacht mich bei der Glut
erkennen?
Dies' meines Herzens Feu'r entdeckt ja, wer ich sei.
Soll, Schönste, dies Papier nur meine Brust
berühren:
So wird es alsobald in Aschen sich verlieren,
Wo von der Flamm' es nicht wird durch mein
Weinen frei.

ANDREAS GRYPHIUS

Auch ein Klagelied zu sein im Mund der Geliebten, ist herrlich.

FRIEDRICH VON SCHILLER

Ein Kopfkissen möcht ich mit dir haben, aber ein hartes; sag es niemand, daß ich so bei dir liegen möchte. Ich denk mirs da breit und behaglich, und daß einer mit dem Kopf auf des andern Brust ruhe, und daß ein warmes Atmen am Herz hinstreife, was ich mir so sehr wünsche zu fühlen, deinen Atem.

BETTINA VON ARNIM

Wenn ich dich liebhabe, was geht's dich an!

JOHANN WOLFGANG VON GOETHE

Ich werde nicht an deinem Herzen satt,
Nicht satt an deiner Küsse Glutergießen.
Ich will dich, wie der Christ den Heiland hat:
Er darf als Mahl den Leib des Herrn genießen.

Ricarda Huch

Ich fühle, daß eine Seele in mir lebt, fähig für alles, was schön und gut ist. Ich habe mich selbst wiedergefunden und lege einen Wert auf mein Wesen, weil ich es Ihnen widmen will.

Friedrich von Schiller an Lotte und Caroline

Gefühle, die im Grund der Seele schliefen,
Hast du geweckt mit magischer Gewalt,
Gefesselt ist mein ganzes, tiefstes Wesen,
Und Kraft und Wille fehlt, das Band zu lösen!

Franz Grillparzer

... Wo du hingehest, da will ich auch hingehen;
wo du bleibst, da bleibe ich auch.

Heilige Schrift

Hier ist, o liebes Weibchen!
Ein kleiner Wunsch für dich.
Ich wünsche dir, mein Täubchen,
Ein kugelrundes Leibchen,
Und ach! – zum Autor – mich!

Christian Friedrich Daniel Schubart

Dir steht alles gut,
Der Fehler wird durch dich zum Schmuck erhoben.

William Shakespeare

An deine schneeweiße Schulter
hab ich mein Haupt gelehnt,
und heimlich kann ich behorchen,
wonach dein Herz sich sehnt.

Heinrich Heine

Ich spiele morgen punkt elf Uhr das Adagio aus Chopins Variationen und werde dabei sehr stark an Sie denken, ja ausschließlich an Sie. Nun die Bitte, daß Sie dasselbe tun möchten, so daß wir uns geistig sehen und treffen. Der Punkt würde wahrscheinlich über dem Thomaspförtchen sein, als wo sich unsere Doppelgänger begegnen. Wäre Vollmond, so schlüge ich diesen als Briefspiegel vor. Ich hoffe sehr auf eine Antwort. Tun Sie es nicht und springt morgen in der zwölften Stunde eine Saite, so bin ich's.

Robert Schumann an Clara Wieck

Als ich dich kaum gesehn,
Mußt' es mein Herz gestehn,
Ich könnt' dir nimmermehr
Vorübergehn.

Theodor Storm

Ex libris Elisabeth Schwarz

Betrübe dich nur nicht, zu kleingebrüstes Kind,
Weil deine Pietzchen
kaum so groß wie Erbsen sind.
Deswegen findt sich doch
ein Käterchen zum Mietzchen,
Ist nur das Täschchen gut, wer fraget nach den
Pietzchen?

Aus der Sammlung von Le Pansif

Ich habe nichts, mein Gott, vor dich zu treten,
Als diese Bitte und als dies: vergib,
Wenn ich nicht recht für dieses Herz gebeten.
Es ist, ich habe dieses Herz so lieb.

Albrecht Goes

Hand in Hand jeliebtes Leben sagt die
janze Naturjeschichte von vorne bis hinten.

Wilhelm Raabe

Sieh, nach dem Unglück kam zu mir dein Lächeln,
Sieh, es war Winter, und wird Frühling werden!

Victor Hugo

Wir werden einander gehören, ohne uns nähern
zu müssen, ohne Bedacht zu nehmen, wie zwei
Mohnblumen in der Liebe zu einer riesigen
Windrose werden.

René Char

Fällt nun der Sternenschein
Nachts in mein Kämmerlein,
Lieg' ich und schlafe nicht
Und denke dein.

Theodor Storm

Wie soll ich meine Seele halten, daß sie nicht an deine rührt?

Rainer Maria Rilke

Ich bin ein Pfeil, so stolz flieg ich vom Bogen und so demütig fall ich zu deinen Füßen nieder.

Bettina von Arnim

Auf deine schönen Augen
Hab' ich ein ganzes Heer
Von ewigen Liedern gedichtet –
Mein Liebchen, was willst du mehr?

Heinrich Heine

Jetzt lieber Schatz, mache es wie Du willst, ich nehme Dich ebenso gerne mit, wenn Du gelbe Strümpfe, rote Schuhe, einen grünen Hut und eine karierte Jacke trägst. Jetzt habe ich Dir weiter nichts zu sagen, als daß ich Dich eckelig entbehre und verlangend bleibe
Dein Alfred

Alfred Krupp an seine Frau Bertha

Mädchen mit den schönen Wangen!
Mädchen kämst du jetzt gegangen,
Jetzt in dieses grüne Tal!
Welch ein Jubel! O wie flögen
Meine Küsse dir entgegen,
Meine Küsse sonder Zahl,
Wie die kleinen, raschen Bienen,
Wenn der Himmel sich erhellt,
Und ein ganzer Schwarm von ihnen
Auf die Blütenbäumchen fällt!

Johann Georg Jacobi

Ich liebe Dich so innig, so dringend.

Detlev von Liliencron
an Helene von Bodenhausen

Ich wollte dir heute morgen Rosen bringen;
Doch das Band meiner Schürze konnte die Fülle
nicht zwingen.
So viele Blüten raffte ich in meinen Schoß.

Marceline Desbordes-Valmore

Ich liebe Dich zu allen Zeiten mit und ohne Haare. Man hat doch als sechsten Sinn den Liebessinn, der nicht hört und nicht sieht, der nur lieben kann dort, wo er liebt. Wie gern wäre ich neben Dir beim Griesbrei im Häuschen bei uns und bei Deinen weißen Haaren.

Max Dauthendey an seine Frau Anny

Dein Schatten schwebt immer vor mir, wie das Lichtzittern, wenn man in die Sonne gesehen. Ich lechze nach einer seligen Empfindung, die wird mir bald, bald, bei Dir.

Georg Büchner an Minna N.

Weil du der Himmel bist, gibt's keinen dort!

Ricarda Huch

Ich will für dich die Freiheit und der Wind des Lebens sein, der an der Schwelle des Immer vorbeizieht, bevor die Nacht noch unauffindbar wird.

René Char

Sieben Male ruf ich dich,
Sechsmal bleibe fort
Doch beim siebten Mal, versprich
Komme auf ein Wort.

Bert Brecht

Da traf ich dich, in ärgster Not; den andern!
Mit dir vereint, gewann ich frischen Mut.

Christian Morgenstern

. . . wie ganz bist Du geschaffen, mich glücklich zu machen, mich nach Dir zu bilden!

Klopstock an Meta Moller

1871
1921
Juwelen C. Heisler Mannheim

Lieb Kätchen, du allein
Sollst meine Herzprinzessin sein!
Ich liebe dich, bin treu gesinnt,
Komm, küsse mich, du hübsches Kind!

Wilhelm Busch

. . . wie könnte ich dich je vergessen, da ich mich deiner nicht erinnern muß: du bist die Gegenwart, die sich ansammelt.

René Char

O, es ist schön, von einem Helden sich geliebt zu sehn; – es ist noch schöner, ihn zu lieben.

Friedrich von Schiller

Ich lieg' dir zu Füßen,
Da bin ich beglückt!

Johann Wolfgang von Goethe

Ich hab' im Traum geweinet,
Mir träumt', du verließest mich.
Ich wachte auf, und ich weinte
Noch lange bitterlich.

Heinrich Heine

Nicht ein freundliches Wort im ganzen Zettel.
Bettel.

Nikolaus Lenau an Sophie Löwenthal

Verhüte Gott,
Daß unser Lieb und Glück nicht sollten wachsen,
Wie unsrer Tage Zahl!

William Shakespeare

In deine Liebe bin ich
wie in einen Mantel eingeschlagen.

Ernst Stadler

Wenn über meine Seele,
die ach! so hart und verschlossen,
Dein Atem streift, nach soviel Buße und Reue.
Warum fließen meine versiegten Säfte aufs neue,
Warum entfaltet meine Seele Blüten und Lieder,
Warum wirft sie Verse,
die ich zu deinen Füßen streue!

Victor Hugo

So bebt mein Herz von einem Jubelschrei:
Ich habe dich, und du gehst nicht vorbei.

Ricarda Huch

Lange! immer! sät meine Hand
in deine schwarzen Massen
Rubinen, Perlen und Saphir,
Damit dein Ohr mein Sehnen kann erfassen!
Bist du nicht Trank in der Oase mir,
Der Wein, in dem Erinnerungen jäh verblassen.

Charles Baudelaire

Lieber Gott, war der Abend schön! Ich bin glücklich, so vollständig, so restlos glücklich, weil ich Dich liebe und weil ich weiß, daß auch Du mich liebst. Wie herrlich war der Abend! Mir ist, als wäre ich berauscht von himmlischem Wein. Wie liebe ich Dich! . . .

Charles de Coster an »Eliza«

Ich küßte deine
Decke, du.

Und dankte Gott,
Daß ich dich hab,
Daß er dich mir
zum Weibe gab.

Emanuel von Bodman

Dich liebt' ich immer, dich lieb' ich noch heut,
Und werde dich lieben in Ewigkeit!

Ludwig Uhland

Länder und Reiche sind untertan mir,
wenn ich nahe der Lieblichen bin;
doch wenn ich dann wieder scheide von ihr,
sind all meine Macht und mein Reichtum dahin . . .
Was gibt mir darum nun die Liebe zu Lohne?
Sie macht, daß das Herz mir in Freuden stets wohne.
Eh ihr ich entsagte, entsagte ich eher der Krone.

Kaiser Heinrich VI.

Du erfährst wieder, daß ich mich wohl befinde, du weißt, daß ich dich herzlichst lieb habe. Wärst du nur jetzt bei mir! Es sind überall große breite Betten, und du solltest dich nicht beklagen, wie es manchmal zu Hause geschieht. Ach, mein Liebchen! Es ist nichts besseres, als beisammen zu sein. Wir wollen es uns immer sagen, wenn wir uns wieder haben.

Johann Wolfgang von Goethe
an Christiane Vulpius

Die Brust ist voll, Dir viel zu sagen; – ach! – es gibt Momente, wo ich finde, daß die Sprache noch gar nichts ist. – Erheitere Dich – bleibe mein treuer, einziger Schatz, mein Alles, wie ich Dir.

Ludwig van Beethoven
an die »Unsterbliche«

Vergleich ich dich mit einem Sommertag
du bist weitaus wärmer und lieblicher.

William Shakespeare

Und unsre Seelen schlagen fast zusammen.
Doch jeder blieb an seinem starren Tisch –
und stand zuletzt mit denen um ihn auf –
und ging hinaus – und sahn uns nimmermehr.

Christian Morgenstern

EXLI- FRANK -BRIS
WEDEKIND

B'hüat di Gott, liaba Bua,
hast mi bracht um mei Ruah;
daß d'mei Alls bist gwest,
sag i hiaz earst, weilst gehst.

Volksmund

Wenn du mich lustig machst,
Dann denk ich manchmal:
Jetzt könnt ich sterben
Dann blieb ich glücklich
Bis an mein End.

Wenn du dann alt bist
Und du an mich denkst
Seh ich wie heut aus
Und hast ein Liebchen,
Das ist noch jung.

Bert Brecht

Schlafe, träume, flieg, ich wecke
Bald dich auf und bin beglückt!

Clemens Brentano

Es vergeht kein Stund' in der Nacht,
Da nicht mein Herz erwacht
Und an dich gedenkt,
Daß du mir viel tausendmal
Dein Herz geschenkt.

Unbekannt

Als ginge, luftgesponnen, ein Zauberfaden
Von ihr zu mir, ein ängstig Band,
So zieht es, zieht mich schmachtend ihr nach!

Peregrina

Oh, Du Ungeheuer, Genie, Bösewicht, Lügner, Verleumder, Räuber, Schriftsteller, Komödiant – ach, Du Teufel – ich bin außer mir, ich sterbe, ich bin schon tot . . . Deine Koketterie lockt mich von den Toten zurück, ich kehre noch einmal ins Leben, um mich von neuem in Dich zu verlieben.

Sophie an Clemens Brentano

O süße Augen, fromme Liebessterne,
obschon ihr mir im Wachen oft gelogen,
und auch im Traum, glaub ich euch dennoch gerne.

Heinrich Heine

Ich schicke Ihnen das höchste und das tiefste eine Hymne und einen Schweinstall. Liebe verbindet alles.

Johann Wolfgang von Goethe
an Frau von Stein

Seele meines Weibes wie zartes Silber bist du.
Zwei flinke Fittiche weißer Möven deine beiden Füße.
Und dir im lieben Blute aufsteigt ein blauer Hauch
Und sind die Dinge darin alle ein Wunder.

Peter Hille

Ich wollt', ich wäre Gold,
Dir immer im Sold.
Und tät'st du was kaufen,
Käm' ich wieder gelaufen.
Ich wollt', ich wäre Gold,
Dir immer im Sold.

Johann Wolfgang von Goethe

Zwei Briefe von Dir! Und so schöne, so süße! Also ich werde Dich sehen! Du sagst es! Du sagst, daß Du es willst! Und die zwei Ringe? Gott, welche Freude! Ich werde sie wirklich haben? Du bringst sie mir? Wir beide – allein – wieder allein – noch ein Mal! – und die Welt nicht mehr.

Eleonora Duse an Gabriele d'Annunzio

Ich denk', wir gehen auch ins Nest!

Johann Peter Hebel

Nie soll weiter sich ins Land
Lieb von Liebe wagen,
Als sich blühend in der Hand
Läßt die Rose tragen.

Nikolaus Lenau

Einen Blick, geliebtes Leben!
Und ich bin belohnt genug.

Johann Wolfgang von Goethe

. . . wolltest Du
mir nicht mein Leben wiederschenken und
Deins dafür geben? Gibt mir Deines denn:
es ist, es war von Ewigkeiten mein!

Gerhart Hauptmann

So oft der Mond mag scheinen,
Gedenk ich dein allein;
Mein Herz ist klar und rein,
Gott wolle uns vereinen!

Clemens Brentano

Was fluchst du, Sylvia, wenn meine schwarze Hand
Um deinen Busen spielet?
Sie war so weiß als du, eh sie der Liebe Brand
Und deine Macht gefühlet.

Benjamin Neukirch

Schließe mir die Augen beide
Mit den lieben Händen zu!
Geht doch alles, was ich leide,
Unter deiner Hand zur Ruh.

Theodor Storm

Und willst du mich morgen verlassen,
so bist du doch heute noch mein
und in deinen schönen Armen
will ich doppelt selig sein.

Heinrich Heine

RICHARD und META
Fidus
NEUHÄUSER zu eigen

Lieben will ich dich, süße Ipsitilla,
Mein Entzücken du, meine Lust und Wonne,
Gib Befehl, daß zur Mittagsruh ich komme.

CATULL

Wir haben an reine Dinge gedacht
Seite an Seite, den Weg über Land,
Wir hielten uns beide an der Hand
Ohne zu sprechen . . .
    zwischen den Blumen der Nacht.

PAUL VALÉRY

Ich weiß, wenn ich dich nicht mehr hätte,
Das wär der Tod, der Tod, der Tod!

FRANZ WERFEL

Ich habe dich – das ist die Fülle!
Ich habe dich – mein Wünschen ruht.

FERDINAND FREILIGRATH

Ja, Du bist allgegenwärtig in meinem Zimmer. Du bist da wie die Luft, die ich atme. Und das ist der Grund, weshalb ich eigentlich nur lebe, wenn ich in meinem Zimmer bin. Dann fühle ich, daß Dein Platz hier ist, hier bei mir. Leb wohl, Geliebte, ich kann immer nur wiederholen: ich liebe Dich, weil ich keinen anderen Gedanken habe.

CHARLES DE COSTER AN »ELIZA«

Du bist der Leuchtturm. Letztes Ziel.
Kannst, Liebster, ruhig schlafen.
Die Andern . . . das ist Wellen-Spiel.
Du aber bist der Hafen.

Mascha Kaléko

Scheine Lampe, glänze Feuer,
leuchte Sonne, Mond und Stern;
Fern von euch, Gazellenaugen,
ist die Welt mir Finsternis.

Bhartrihari

Niemand kann mich kennen,
So wie du mich erkannt.

Niemand kann dich kennen,
So wie ich dich erkannt.

Paul Éluard

O du, des Himmels Botin, wie lauscht' ich dir,
Dir, Diotima! Liebe, wie sah von dir
Zum goldnen Tage dieses Auge
Staunend und dankend empor.

Friedrich Hölderlin

Bleibe mir l. Lotte Du bist mein Ancker zwischen diesen Klippen.

Johann Wolfgang von Goethe
an Frau von Stein

Wie schön ist das Leben, da Du mich liebst!

CHARLES DE COSTER AN »ELIZA«

Fest an dich gebannt in dich verloren
Zähle ich an deines Herzens Schlag
Liebestammelnd jeden Schritt der Horen
Scheidend küsset uns der junge Tag.

CLEMENS BRENTANO

Dines herzen lust solt du nienar legen,
denne in min goetlich herze
und an min menschlich bruste.
Da alleine wirst du getrost
und mit meinem geiste gekússet.

MECHTHILD VON MAGDEBURG

Mein Goldkind, meine Perle, mein Edelstein, meine Krone, meine Königin und Kaiserin. Du lieber Liebling meines Herzens, mein Höchstes und Teuerstes, mein Alles und Jedes, mein Weib, meine Hochzeit, die Taufe meiner Kinder, mein Trauerspiel, mein Nachruhm. Ach, Du bist mein zweites besseres Ich, meine Tugenden, meine Verdienste, meine Hoffnung, die Vergebung meiner Sünden, meine Zukunft und Seligkeit, o'Himmelstöchterchen, mein Gotteskind, meine Fürsprecherin, mein Schutzengel, mein Cherubin und Seraph, wie lieb ich Dich! –

HEINRICH VON KLEIST AN HENRIETTE VOGEL

O mein Geliebter – in die Kissen
Bet' ich nach dir, ins Firmament!

Richard Dehmel

. . . Esse nur nicht zu viel Obst, und vorzüglich hüte Dich vor Melonen, daß Du nicht krank wirst. Ich bitte Gott um nichts, als daß er keins von uns vor der Zeit sterben läßt, damit das andere nicht den ganzen langen öden Weg allein gehen müsse, der ihm noch im Leben übrig ist.

Adalbert Stifter an seine Frau Amalia

Glaub nicht, er komme ins Traumland,
hör ich die Freundinnen sagen.
Doch wenn ich brenne vor Sehnsucht,
wo such ich ihn außer im Traume?
O Liebster, laß es dem Traum nicht,
komm öfter und halte mich wach!

Myong'ok

Wohin du gehst, da ist nicht Gram,
da ebnet sich der Pfad,
So dacht' ich, als vom Garten her
dein Schritt mir leis erklungen.
Und nach dem Takt, in dem du gehst,
dem leichten, reizenden
Hab' ich, im Nachschaun wiegend mich,
dies Liedlein leis gesungen.

Gottfried Keller

EX-LIBRIS
ADOLF WILHELM

Wo dir der Wein zu sauer ist,
Da trink du Malvasier,
Und wenn mein Mund dir süßer ist,
So komm nur wieder zu mir!

Hugo von Hofmannsthal

O jetzt, o hättest du gesehn,
Wie dort das Glühwurmpärchen kroch!
Ich will nie wieder von dir gehn!
O kämst du doch!

Richard Dehmel

Dann kommt die Nacht
und kann es nicht verstehen,
daß ich allein bin, und die Sterne flammen
auch über dir, und wir sind nicht zusammen –

Ina Seidel

Wär' ich Affe sogleich
Voll neckender Streich';
Hätt' was dich verdrossen,
So macht' ich dir Possen.

Johann Wolfgang von Goethe

Beständig soll die Lösung bleiben,
beständig lieb ich dich, mein Kind,
bis dermaleinst die Dichter schreiben,
daß du und ich nicht sterblich sind.

Johann Christian Günther

Wie dir geschah, so soll's auch mir geschehen,
Nur wo du hinkamst, will auch ich hingehn:
Ich will ins Licht nur, wirst im Licht du sein,
Bist du in Nacht, so will ich in die Nacht,
Bist du in Pein, so will ich in die Pein.
Von dir getrennt hab' ich mich nie gedacht,
Zu dir, zu dir will ich allein, allein.

Justinus Kerner

Püppchen, du bist mein Augenstern!

Schlager der zwanziger Jahre

Wenn alles schwankt und die Erde schüttert und wir schießen, wer weiß wohin, wie ein unfreiwilliger Meteor in den Weltraum hinaus, so ist es doch besser, daß wir uns bald zu einem unauflöslichen Knäuel verklammern . . .

Gerhart Hauptmann

Bestrafe mich mit keinem Tadel,
  Daß deine Schooß mein Herze lieb gewinnt,
Denn der Magnet forscht mit der Nadel,
  Bis er den Mittelpunkt ergründt.
Ein Schäfchen grast in Tal und Auen,
  Wo Schatten ist:
Mein Herze will das deine schauen,
  Drum such ich es, da wo du offen bist.

Johann von Besser

Ach Gott – so nah! so weit! ist es nicht ein wahres Himmelsgebäude, unsere Liebe – aber auch so fest, wie die Feste des Himmels! –

Ludwig van Beethoven
an die »Unsterbliche«

Schlaf' ruhig, mein Liebchen, schlafe;
Treu' Lieb' wird ewig bestehn!

Joseph Freiherr von Eichendorff

Zwar lieb ich mein Kätchen.
Das mag ihr genügen.
Ein kitzliges Mädchen
mit länglichen Zügen.
Ach, liebt ich kein Kätchen!

Paul Verlaine

Weil ich nichts anders kann als nur dich lieben,
Will ich dich lieben denn, so viel ich kann . . .
So laß mich denn, so viel ich kann, dich lieben,
Weil ich nichts anders als dich lieben kann.

Friedrich Rückert

Fühle, was dies Herz empfindet,
Reiche frei mir deine Hand,
Und das Band, das uns verbindet,
Sei kein schwaches Rosenband!

Johann Wolfgang von Goethe

Der Boje gleich im Hafen von Naniva,
zur Tiefe bald und bald zur steilen Höh
wirbelt mein Herz, das der Gedanke peinigt,
wann ich dich endlich, endlich wiederseh!

Motoyosi

Leben kann ich entweder nur ganz mit Dir oder gar nicht.

Ludwig van Beethoven
an die »Unsterbliche«

O, lächle nicht, geliebte Schöne,
So freundlich heiter, lächle nicht!
O, weine lieber, eine Träne
Küß' ich so gern dir vom Gesicht.

Heinrich Heine

Von der Kette löst Glied um Glied sich sacht,
Dein Erinnern flieht und verspottet uns wieder,
Es enteilt, hörst du, wie es über uns lacht?
Und ich sinke zu deinen Füßen nieder.

Guillaume Apollinaire

Fürchte nichts mehr!
Die Augen gab Gott für das Licht,
Die Seele für den Himmel Dir
und für Dein Herz der Liebe Wahrheit.

Victor Hugo

HANNS
HEEREN

Schließ, Liebchen, dein Auge zu
Schlafe, schlaf ein,
Im dämmernden Schein,
Ich will dein Wächter sein.

Ludwig Tieck

Wenn ich Dich nicht hätte, wahrlich, ich könnte nicht leben. Zwei Herzen schlagen in mir – Deines und meines. Dein Blut ist mein Blut. Ich weiß, Du denkst meine Gedanken, Du liebst, was ich liebe, und Du hassest, was ich hasse . . .

Charles de Coster an »Eliza«

Was ich gierig je genossen,
trüben Lebens wilde Lüste,
gäb ich hin für jenes Zagen,
da ich scheu zuerst dich küßte.

Otto Erich Hartleben

Ich möchte nichts sein
Als die Zeder vor deinem Haus
Als ein Zweig der Zeder
Als ein Blatt des Zweiges
Als ein Schatten des Blatts
Als die Frische des Schattens
Der deine Schläfe kost
Eine Sekunde lang.

Ivan Goll

... liebe mich ewig, wie ich Dich liebe und sey ewig mein Stanzi Marini, wie ich ewig sein werde
Dein
Stu! Knaller Praller
Schnipp – schnapp – schnurr
Schnepeperl Snai!

Wolfgang Amadeus Mozart
an seine Frau Konstanze

Du schaust auf mein braunes Fleisch
mit Augen wie glühende Kohlen.
Ich möchte der Brunnen sein
darin du den Durst deiner Ängste stillst.

Virginia Brindis de Salas

O ich weiß es nur zu wohl! In Ihnen ruht ein Schatz, der sich nur willkürlich eröffnet, der sich nicht ohne Wahl vergeudet; und einer gleichgestimmten Seele eröffnet er sich immermehr und zieht sie an sich.

Johann Gottlieb Fichte an Johanna Rahn

... wir wollen uns fassen und nicht loslassen.

Bettina Brentano an Achim von Arnim

Meine liebe gnädige Frau Leutnant in spe. Ich küsse Dich auf Deine Rosenlippen.

Carl von Mutius an seine Braut Luise

Seit Sie weg sind fühl ich erst daß ich etwas besitze, und daß mir was obliegt. Meine übrigen kleinen Leidenschaften Zeitvertreibe und Miseleyen, hingen sich nur so an dem Faden der Liebe zu Ihnen an, der mich durch mein jetzig Leben durchziehen hilft, da Sie weg sind fällt alles in Brunnen.

JOHANN WOLFGANG VON GOETHE
AN FRAU VON STEIN

... nie eine andere kann mein Herz besitzen, nie – nie! –

LUDWIG VAN BEETHOVEN
AN DIE »UNSTERBLICHE«

Die Welt ist dumm, die Welt ist blind,
Und dich wird sie immer verkennen;
Sie weiß nicht, wie süß deine Küsse sind,
Und wie sie beseligend brennen.

HEINRICH HEINE

Da du so stark bist, darfst du mich begehren,
Doch meine Schönheit bleibt mein freies Gut.
Da du so stark bist, kannst du mich zerstören,
Wenn dir die Tat nicht selbst zu wehe tut.
Da du so stark bist, mußt du mir beschwören,
Daß du beschützen wirst mein schutzlos Blut.
Da du so stark bist, will ich dir nicht wehren,
Daß deine Hand in meiner ruht ...

RICHARD DEHMEL

Und du thätest wohl, daß du mir herüberschicktest den ganzen Keller voll meins Weins und ein Pfloschen deines Bieres, so erst du kannst. Sunst komme ich für dem neuen Bier nicht wieder. Hiemit Gott befohlen sampt unsern Jungern und allem Gesinde, Amen.

Dein Liebchen Martin Luther

Martin Luther an seine Frau

Lang vorüber ging ich deiner Liebe
Durch den Staub des Lebens unbewußt,
Daß zur Wonne mir die Klage bliebe
Und ein leiser Schmerz in sel'ger Brust –
Schmerz und Klage
Über ohne dich verdarbte Tage,
Die mit deinem Kuß du stillen mußt.

Conrad Ferdinand Meyer

Unsre Lippen öffneten sich, um in Worte einzukleiden
Das Unendliche, das fern in einem Lied erklang,
Als ob mit geschloss'nem Mund der Wind es summte in den Zweigen.

Und in uns ertönend, wie ein Echosang
Stieg es hoch in unsren Herzen, um zu sprechen . . . dann
Fanden wir nichts mehr und lächelten einander an.

Fernand Grech

EXLIBRIS HEINRICH GRAF
1916
G. MAYR

Du willst Wahres mich lehren?
Bemühe dich nicht! Nicht die Sache
Will ich durch dich, ich will dich
durch die Sache nur sehn.

FRIEDRICH VON SCHILLER

Wie bezaubernd war der Gewitterhimmel mit den vereinzelten Sternen, die verhüllte Nacht; wie köstlich die milde Luft; wie erfrischend duftete der Staub, den die ersten Tropfen netzten. Doch nicht dies ist der Quell meines Glücks, auch nicht die Küsse, mit denen ich Dich küßte; es ist das Gefühl der Tiefe meiner Liebe zu Dir, die Gewißheit, Dich glücklich machen zu können. Und diese unsere herrliche Liebe wird uns ewig jung erhalten.

CHARLES DE COSTER AN »ELIZA«

Wie Du mich auch liebst, stärker liebe ich Dich doch. Doch nie verberge Dich vor mir.

LUDWIG VAN BEETHOVEN
AN DIE »UNSTERBLICHE«

Lamoral, wäre ich ein Bürgermädchen, schon tausendmal hätte ich Euch gesagt und geschrieben: Ich liebe Euch, und mein Leib bangt sich nach einer Umarmung. Aber der Gattin des Grafen Egmont geben erst der Krieg und Euer Tadel meiner Kälte den Mut, dies zu tun.

SABINA AN IHREN MANN LAMORAL
GRAF VON EGMONT

Aber ich liebe zu sehr, um zu bekennen,
Wem gilt mein Lieben,
Für sie will ich sterben und sie nicht nennen,
Ich bleibe verschwiegen.

ALFRED DE MUSSET

O mein ewig teures unvergeßliches liebes Leben, habe Dank für so manche schöne Rose, die Du in mein Leben geflochten.

CARL MARIA VON WEBER AN SEINE FRAU

Setz dich auf dieses weiche Lager hin:
Schnell küsse mich, gib deine Lippen mir.
Laß deine Arme meinen Hals fest pressen
Und deine Mutter wirst du dann vergessen.

PIERRE DE RONSARD

Weil ich dich liebe, wird so bläßlich,
So elend mager mein Gesicht –
Du fändest mich am Ende häßlich –
Ich will dich meiden – zürne nicht.

HEINRICH HEINE

... o ihr armen lieben zweibeinigen Engel in der Hölle und Du, Günderödchen, im Fräuleinstift, was habe ich euch so lieb, ihr Teufel und ihr Engel, mein Herz ist keine arme Seele.

CLEMENS BRENTANO
AN KAROLINE VON GÜNDERODE

Du fragst mich, Kind, was Liebe ist?
Ein Stern in einem Haufen Mist.

Heinrich Heine

Zweifle an der Sonne Klarheit,
Zweifle an der Sterne Licht,
Zweifl' ob lügen kann die Wahrheit,
Nur an meiner Liebe nicht.

William Shakespeare

Es ist Nacht,
und mein Herz kommt zu dir,
hält's nicht aus,
hält's nicht aus mehr bei mir.

Legt sich dir auf die Brust,
wie ein Stein,
sinkt hinein,
zu dem deinen hinein.

Dort erst,
dort erst kommt es zur Ruh,
liegt auf dem Grund
Seines ewigen Du.

Christian Morgenstern

Ein Blick von dir, Ein Wort mehr unterhält
Als alle Weisheit dieser Welt.

Johann Wolfgang von Goethe

Laß uns leben, laß uns lieben,
und die Reden der bedachten
alten Herrn, wir wollen, Liebchen,
sie aufs gründlichste verachten.

Catull

S N D unsere Liebe nie!

Rätsel

Gute Nacht! Du lieber Engel! Ach, bist Du es, bist Du es nicht, so öffne alle Adern Deines weißen Leibes, daß das heiße schäumende Blut aus tausend wonnigen Springbrunnen spritze, so will ich Dich sehen und trinken aus den tausend Quellen trinken, bis ich berauscht bin.

Clemens Brentano
an Karoline von Günderode

. . . tausendmal köstlicher
ist Herz bei Herz
als Blume bei Blume.

Hafis

. . . laß mich noch einmal sagen, ich verdiene Dich nicht, aber ich fasse Dich und ich liebe Dich . . .

Wilhelm von Humboldt
an seine Frau Karoline

Daß Du weiße Haare hast – so viele, wie ich jetzt habe –, das tut mir nicht weh; das liebe ich, daß die Zeit uns zeichnet und das Alter uns würdig macht, mein teurer Schatz. Ob Du alt und verrunzelt bist, wie ein alter vertrockneter Nußknacker, das ist mir gleich, wenn nur Deine Seele nicht armselig unbedeutend wird. Sonst ist mir alles lieb, was die Zeit unseren Leibern antun muß. Das ist mir heilig.

Max Dauthendey an seine Frau Anny

Ich danke dir mein Wohl, mein Glück
in diesem Leben.
Ich war wohl klug, daß ich dich fand;
Doch ich fand nicht. Gott hat dich mir gegeben!

Matthias Claudius

Der du meine Wege mit mir gehst,
Jede Laune meiner Wimper spürst,
Meine Schlechtigkeiten duldest und verstehst –
Weißt du wohl, wie heiß du mich oft rührst?

Joachim Ringelnatz

Noch muß ich Dir sagen, daß mein Vertrauen zu Dir ohne Grenzen ist.

Diotima an Hölderlin

Der, den ich liebe
Hat mir gesagt
Daß er mich braucht.

Darum
Gebe ich auf mich acht
Sehe auf meinen Weg und
Fürchte von jedem Regentropfen
Daß er mich erschlagen könnte.

Bert Brecht

Ewig Dein,
ewig mein,
ewig uns.

Ludwig van Beethoven